Erika Bock

# *Lichterketten für die Weihnachtszeit*

CHRISTOPHORUS

BRUNNEN-REIHE

Seit mehr als 30 Jahren steht der Name „Christophorus“ für kreatives und künstlerisches Gestalten in Freizeit und Beruf. Genauso wie dieser Band der Brunnen-Reihe ist jedes Christophorus-Buch mit viel Sorgfalt erarbeitet: Damit Sie Spass und Erfolg beim Gestalten haben – und Freude an schönen Ergebnissen.



ISBN 3-419-56063-X



Redaktion: Elke Fox, Freiburg
Styling und Fotos: Christoph Schmotz, Freiburg
Reinzeichnungen: Carsten Schorn, Freiburg
Umschlaggestaltung: Network!, München
Lithos: Repro Fuchs, Salzburg
Druck: Freiburger Graphische Betriebe, 1999

Christophorus
Bücher mit Ideen

# Inhalt

# Jetzt wird's gemütlich ...

... denn gerade in der Vorweihnachtszeit, wenn die Abende länger werden und es draußen kalt ist, schaffen die Lichterketten als Raum- oder Baumschmuck eine stimmungsvolle, warme Atmosphäre. Lichterketten werden in vielen verschiedenen Längen und mit unterschiedlicher Lämpchenanzahl angeboten. So kann man, je nach Geschmack, einen ganzen Raum hell erleuchten lassen oder einen Blickfang mit nur wenigen Lämpchen schaffen. Dieser Lichterreigen wird sicher viele Bewunderer finden.

Die meisten Motive sind schnell und einfach nachzubasteln, und auch Kinder können schon tatkräftig mithelfen. Größeren Kindern macht es Spaß, ihr Zimmer mit einer Lichterkette auszuschmücken.
Mit Motiven aus Moosgummi, die an Außen-Lichterketten befestigt werden, können Sie auch draußen in Ihrem Garten oder auf dem Balkon Zweige, Bäumchen und Sträucher eindrucksvoll leuchtend dekorieren.

Viel Freude beim Basteln wünscht Ihre

# Hinweise und Tips

**Material**

- **Fotokarton**
- **Tonpapier**
- **Regenbogen-Transparentpapier**
- **Transparentpapier**
- **Hologrammfolie**
- **Papprolle**
- **Moosgummi**
- **Holz-Deko-Motive**
- **Klebesternchen**
- **Aufhängekordel**

*Es ist sinnvoll, von allen Motiven eine Schablone anzufertigen. Die Schablone kann dann auf das entsprechende Material aufgelegt und mit einem Bleistift umfahren werden.*

***Schablone herstellen***

❶ Architektenpapier auf die Vorlage legen und das Motiv mit einem weichen Bleistift nachzeichnen.

❷ Das Architektenpapier mit dem übertragenen Motiv flächig auf dünnen Karton kleben und ausschneiden.

*oder:*

❶ Das Motiv mit einem weichen Bleistift vom Vorlagenbogen auf Architektenpapier übertragen.

❷ Das Papier umgekehrt auf Fotokarton oder Pappe legen und die Konturen mit einem spitzen, harten Bleistift durchpausen. Anschließend ausschneiden.

❸ Die Schablone auf das Werkmaterial legen und die Umrisse nachzeichnen.

***Laternen mit eingeklebtem Mittelteil aus Fotokarton***

❶ Das Motiv mit der Schere und die innere Kontur mit dem Cutter oder einer kleinen, spitzen Schere ausschneiden.

❷ Ausschnitte mit Transparentpapier hinterkleben. Dazu die Außenkontur auf Transparentpapier zeichnen und unterhalb der Bleistiftlinie ausschneiden.

❸ Mittelteile mit dem Falzbein an der Falzlinie falzen und eventuell am Kleberand einschneiden.

❹ Das Mittelteil erst auf eine Motivseite kleben, trocknen lassen, dann auf die zweite Motivseite.

*Tip: Das Laternchen mit einem kleinen Buch beschweren, bis der Klebstoff getrocknet ist.*

❺ Die Löcher für die Aufhängung mit der Lochzange oder einer dicken Nadel herstellen. Kordel einfädeln und über dem Lämpchen zusammenbinden.

### *Laternen mit Pappring als Mittelteil*

Bei Laternen, die einen Pappring oder Teile davon als Mittelteil haben, die Pappe der Motivform entsprechend biegen. Die Kanten mit Klebstoff bestreichen und beide Motivseiten aufkleben.

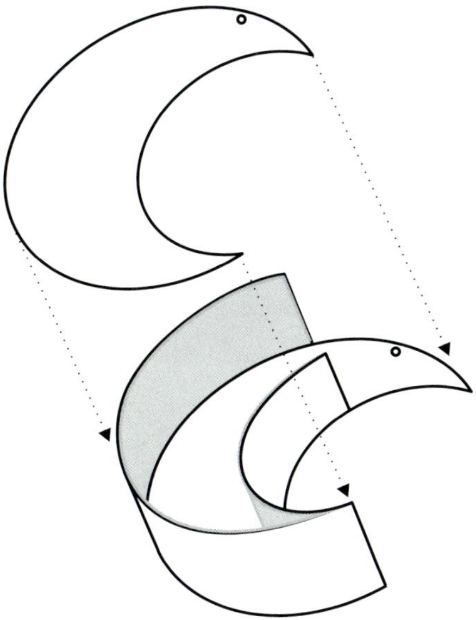

### *Aufsteck-Lichter*

Das Mittelstück über den größten Durchmesser des Lämpchens wickeln und mit Klebefilm zusammenkleben. Dabei nicht zu eng wickeln, damit es sich wieder abnehmen läßt.

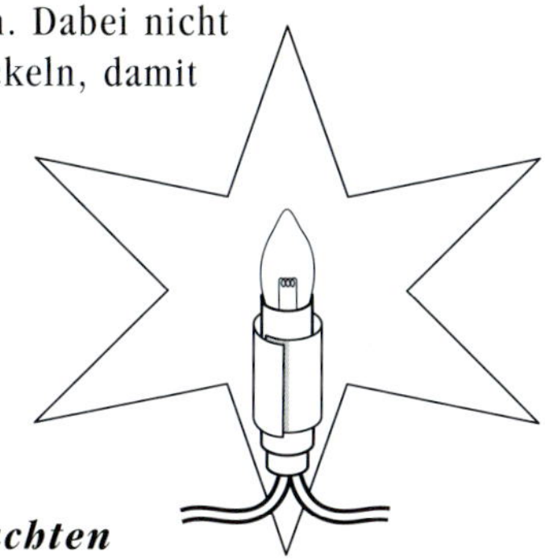

### *Bitte beachten*

- Für den Außenbereich nur geeignete Lichterketten verwenden.

- Lichterketten über einen längeren Zeitraum nicht ohne Aufsicht leuchten lassen.

- Die Vorschriften der Lichterketten-Hersteller beachten.

- Niemals mit scharfen Gegenständen (z. B. Cutter, Schere, Tacker) an den Lichterketten arbeiten, da die Kabel beschädigt werden könnten.

**Hilfsmittel**

- **Kohlepapier**
- **Architektenpapier**
- **dünner Karton**
- **Bleistifte**
- **wasserfester Filzstift in Schwarz**
- **kleine, spitze Schere**
- **Cutter, Unterlage**
- **für Kinder eine abgerundete Schere**
- **Lochzange oder dicke Nadel**
- **Falzbein**
- **Lineal**
- **Klebstoff**

# Bunte Nikolaus-strümpfe

**Material**

- Regenbogen-Transparent-papier
- Papier in Weiß
- Klebesternchen
- Hologrammfolie

**Hilfsmittel**

- Bleistift
- Schere
- Klebstoff
- Klebefilm

**Vorlage A**

1. Die Motivteile mit Hilfe einer Schablone auf das entsprechende Papier übertragen und ausschneiden. Jeweils zwei Strumpfformen zueinander spiegelbildlich ausarbeiten.

2. Ferse und Zehenstück auf die Strümpfe kleben.

3. Den weißen Strumpfrand mit Sternchen verzieren und auf den Strumpf aus Transparentpapier kleben.

4. Das röhrenförmige Mittelstück über die breiteste Stelle des Lichterketten-Lämpchens wickeln und mit Klebefilm fixieren.

5. Beide Motivseiten auf das Mittelstück kleben, eine davon spiegelverkehrt.

# Sternen-stecker

**Material**

- Alu-Bastelkarton in Silber, Gold

**Hilfsmittel**

- Bleistift
- Schere
- Cutter

**Vorlage B**

1. Die Sternform mit Hilfe einer Schablone auf Alu-Bastelkarton übertragen und ausschneiden.

2. Den inneren Kreis für das Lämpchen mit dem Cutter sternförmig einschneiden.

3. Den Kreis leicht anritzen und die Zacken nach innen knicken. Das Lämpchen von der Rückseite her einpassen.

# Tüten-lampions

**Material**
- **Regenbogen-Transparent-papier**
- **Klebesternchen**

**Hilfsmittel**
- **Bleistift**
- **Schere**
- **Wellen- oder Zackenschere**
- **Klebefilm**

**Vorlage C**

1. Die Tütenform mit Hilfe einer Schablone auf Regenbogen-Transparentpapier übertragen und ausschneiden. Den oberen Rand eventuell mit einer Wellen- oder Zackenschere nachschneiden.

2. Jede Tüte um ein Lämpchen der Lichterkette wickeln, mit den Fingern zusammenhalten, vom Lämpchen abziehen und mit Klebefilm zusammenfügen.

3. Die Lampions mit Klebesternchen verzieren und auf die Lämpchen stecken.

# Weihnachts-männer

**Material**

- **Regenbogen-Transparent-papier**
- **Papier in Weiß**
- **Tonpapier in Beige, Rot**
- **Watte**

**Hilfsmittel**

- **Bleistift**
- **Schere**
- **Cutter**
- **Klebstoff**
- **Filzstift in Schwarz**

**Vorlage D**

1. Die Weihnachtsmänner mit Hilfe einer Schablone übertragen und ausschneiden.

2. Den Bart aus weißem Papier schneiden, in der Mitte leicht falten und die Öffnung für das Gesicht ausschneiden. Den Bart wieder öffnen und das Gesicht dahinterkleben. Augen aufmalen und die Nase anbringen. Den Kopf am Körper fixieren.

3. Den Körper zu einer Röhre formen (hinten etwas überlappend) und an der Rückseite mit Klebefilm zusammenkleben.

4. Aus Watte eine Rolle drehen und als Mantelsaum festkleben. Wattereste auf dem Papierbart fixieren.

5. Die Aufhängestege über der Mütze aneinanderkleben, dabei eventuell das Kabel der Lichterkette mit einfassen.

# Laternchen

**Material**
- Fotokarton in Weiß, Gelb, Blau, Rot
- Transparentpapier in Gelb
- Holz-Dekoteile, z. B. Kerze, Schneemann, Schaukelpferd, Nikolaus
- Aufhängekordel

**Hilfsmittel**
- Bleistift
- Schere
- Cutter
- Lineal
- Klebstoff
- Lochzange oder dicke Nadel

**Vorlage** E

1. Den Motivstreifen mit Hilfe einer Schablone auf Fotokarton übertragen und ausschneiden. Die Innenkontur mit dem Cutter ausarbeiten.

2. Jede Seite einzeln mit Transparentpapier hinterkleben, dafür die Außenkontur auf Transparentpapier zeichnen und unterhalb der Bleistiftlinie ausschneiden.

3. Die Falzlinien mit Hilfe von Lineal und Falzbein falzen und das Laternchen am Kleberand zusammenkleben.

4. Jede Laternenseite mit Holz-Dekoteilen verzieren.

5. Die Löcher für die Aufhängung mit der Lochzange oder einer dicken Nadel herstellen. Kordel einfädeln und über dem Lichterketten-Lämpchen zusammenbinden.

# Weihnachtssterne

**Material**
- Moosgummi in Rot, Weiß, Grün

**Hilfsmittel**
- Schere
- Bleistift

**Vorlage F**

1. Die Blätter mit Hilfe einer Schablone auf Moosgummi übertragen und ausschneiden.

2. Jede Blüte in der Mitte falten und den inneren Kreis für das Lämpchen mit der Schere ausschneiden.

3. Zuerst die grünen, dann die weißen oder roten Blätter auf die Lichterkette stecken.

# Glocken

**Material**

- Fotokarton in Rot, Grün, Blau, Gelb
- Transparentpapier in Rot
- Klebesternchen
- Aufhängekordel

**Hilfsmittel**

- Bleistift
- Schere
- Cutter
- Klebstoff
- Lochzange oder dicke Nadel

**Vorlage** G

1. Die Glocken und die Mittelteile mit Hilfe einer Schablone übertragen und ausschneiden. Die Innenkontur mit dem Cutter ausarbeiten.

2. Die Ausschnitte mit Transparentpapier hinterkleben.

3. Blätter, Schleifen und Klebesternchen anbringen.

4. Die seitlichen Mittelteile an der Falzlinie falzen und die Kleberänder einmal einschneiden. Das untere Mittelteil an der Falzlinie falzen und zweimal am Kleberand einschneiden.

5. Die Mittelteile der Glockenform anpassen, an den Klebestellen mit Klebstoff bestreichen und beide Motivseiten ankleben.

6. Die Löcher für die Aufhängung mit der Lochzange oder einer dicken Nadel herstellen. Die Kordeln einfädeln und über den Lichterketten-Lämpchen zusammenbinden.

# Glitzersterne

**Material**
- **Regenbogen-Transparent-papier**
- **Hologrammfolie**

**Hilfsmittel**
- **Bleistift**
- **Schere**
- **Cutter**
- **Klebstoff**
- **Klebefilm**

**Vorlage H**

1. Die Sternform auf Hologrammfolie und auf Regenbogen-Transparentpapier übertragen und ausschneiden. Dabei den transparenten Stern ca. 2 mm unterhalb der Bleistiftlinie ausschneiden.

2. Die Ausschnitte der Hologramm-Sterne mit dem Cutter schneiden und mit den transparenten Sternen hinterkleben.

3. Das röhrenförmige Mittelstück jeweils um den größten Durchmesser des Lichterketten-Lämpchens drehen und mit Klebefilm fixieren.

4. Alle Mittelstücke wieder abnehmen und beide Motivseiten aufkleben.

5. Die Sterne auf die Lämpchen stecken.

# Schneemänner

**Material**

- Fotokarton in Weiß, Rot, Blau, Grün
- Transparentpapier in Weiß
- Klebesternchen
- Papprolle
- Aufhängekordel

**Hilfsmittel**

- Schere
- Cutter
- Bleistift
- Filzstift in Schwarz
- Klebstoff
- Lochzange oder Nadel

**Vorlage I**

1. Die Schneemänner mit Hilfe einer Schablone auf Fotokarton übertragen und ausschneiden, dabei die Innenkontur mit dem Cutter ausarbeiten.

2. Die Außenkontur auf Transparentpapier zeichnen und unterhalb der Bleistiftlinie ausschneiden. Die Ausschnitte der Fotokartonformen hinterkleben.

3. Schal und Mütze aufkleben sowie Gesicht und Knöpfe aufmalen.

4. Die Papprolle der Länge nach durchschneiden und einen 3 cm breiten Ring abtrennen. Den Ring der unteren Außenkontur des Schneemannes anpassen. *Tip: Beachten Sie dazu die Zeichnung auf Seite 5.*

5. Die Mittelteile für den Kopf einmal am Kleberand einschneiden.

6. Alle Mittelteile an den Pappkanten bzw. den Kleberändern mit Klebstoff bestreichen und beide Motivseiten aufkleben.

7. Aufhängekordel am Hut anbringen.

# Schneekristall und Sterne

**Material**
- **Moosgummi in Gelb, Weiß**

**Vorlage J**

1. Die Stern- oder Schneeflockenform mit Hilfe einer Schablone auf das Moosgummi übertragen und ausschneiden.

2. Das Motiv einmal in der Mitte falten und den inneren Kreis für das Lämpchen mit der Schere herausschneiden.

3. Sterne und Schneekristall auf die Lämpchen der Lichterkette stecken.

# Tannenwald

**Material**
- **Fotokarton in Dunkelgrün, Weiß**
- **Transparentpapier in Grün, Weiß**
- **Schleifenband**
- **Klebesternchen in Gold**
- **Aufhängekordel**
- **Glitter in Gold**

**Hilfsmittel**
- **Bleistift**
- **Schere**
- **Cutter**
- **Klebstoff**
- **Lochzange oder dicke Nadel**

**Vorlage K**

1. Die Tannenbäume mit Hilfe einer Schablone auf Fotokarton übertragen und ausschneiden. Die Innenkontur mit dem Cutter ausarbeiten.

2. Die Außenkontur auf Transparentpapier zeichnen und unterhalb der Bleistiftlinie ausschneiden. Die Ausschnitte damit hinterkleben.

3. Die Mittelteile an der Falzlinie falzen, an den Klebestellen mit Klebstoff bestreichen und beide Motivseiten aufkleben.

4. Die Tannenbäume mit Schleifen, Sternchen und Goldglitter verzieren.

5. Die Löcher für die Aufhängung mit der Lochzange oder einer dicken Nadel herstellen. Kordel einfädeln und über dem Lichterketten-Lämpchen zusammenbinden.

# Mond und Sterne

**Material**

**Mond:**

- **Fotokarton in Gelb**
- **Transparentpapier in Gelb**
- **Papprolle**
- **Klebesternchen in Gold**
- **Aufhängekordel**

**Sterne:**

- **Fotokarton in Gelb**
- **Transparentpapier in Orange**
- **Papprolle**
- **Aufhängekordel**

**Hilfsmittel**

- **Bleistift**
- **Schere**
- **Cutter**
- **Klebstoff**
- **Lochzange oder dicke Nadel**

**Vorlage L**

## *Mond*

1. Den Mond nach der Vorlage aus Fotokarton schneiden. Die Innenkontur mit dem Cutter ausarbeiten und mit Transparentpapier hinterkleben.

2. Die Papprolle längs durchschneiden. Zwei 3 cm breite Ringe abtrennen.

3. Einen Ring außen mit Fotokarton bekleben, etwas auseinanderbiegen und der äußeren Kontur des Mondes anpassen. Den zweiten Ring innen mit Fotokarton bekleben, etwas auseinanderbiegen und der inneren Kontur des Mondes anpassen. Dabei genügend Platz für das Lämpchen lassen. Die Pappkanten mit Klebstoff bestreichen und beide Motivseiten aufkleben.
*Tip: Siehe Zeichnung auf Seite 5.*

4. Die Löcher für die Aufhängung mit der Lochzange oder einer dicken Nadel herstellen. Kordel einfädeln und über dem Lämpchen zusammenbinden.

*Tip: Die Mondsichel mit angehängten Sternen aus Fotokarton und Hologrammpapier dekorieren.*

## *Sterne*

1. Die Sterne mit Hilfe einer Schablone auf Fotokarton übertragen und ausschneiden. Die Innenkontur mit dem Cutter schneiden.

2. Die Ausschnitte mit Transparentpapier hinterkleben.

3. Die Papprolle der Länge nach durchschneiden und für jeden Stern einen 3 cm breiten Ring abschneiden.

4. Bei jedem Ring einen 3 cm breiten Abschnitt als Öffnung für die Lichter herausschneiden.

5. Die Ringe außen mit Fotokarton bekleben. Die Pappkanten mit Klebstoff bestreichen und beide Motivseiten aufkleben.

6. Die Löcher für die Aufhängung mit der Lochzange oder einer dicken Nadel herstellen. Kordel einfädeln und über dem Lichterketten-Lämpchen zusammenbinden.

# Glöckchen

**Material**

- **Regenbogen-Transparent-papier**
- **Klebesternchen in Silber**
- **schmales Schleifenband in Silber**

**Hilfsmittel**

- **Bleistift**
- **Schere**
- **Klebstoff**
- **Klebefilm**

**Vorlage M**

1. Die Glockenform mit Hilfe einer Schablone auf Regenbogen-Transparent-papier übertragen und ausschneiden. Mittelstreifen ebenfalls aus Transparent-papier ausschneiden.

2. Die Mittelstreifen jeweils um die breiteste Stelle der Lämpchen wickeln und mit Klebefilm fixieren. Die Röhren wieder von den Lämpchen abziehen.

3. Die Glöckchen beidseitig an ihre röhrenförmigen Mittelstücke kleben. Mit Sternchen und einer Schleife ausschmücken und auf die Lämpchen stecken.

**Neben dieser Auswahl aus der Brunnen-Reihe haben wir noch viele andere Bücher im Programm:**

**Hobby- und Bastelbücher, Bücher zum Spielen und Lernen mit Kindern, Ratgeber-Bücher für Eltern**

**Wir informieren Sie gerne - fordern Sie einfach unsere neuen Prospekte an.**

3-419-55989-5

3-419-55988-7

3-419-55986-0

3-419-55991-7

3-419-55990-9

Wir sind für Sie da, wenn Sie Fragen zu AutorInnen, Anleitungen oder Materialien haben. Und wir interessieren uns für Ihre eigenen Ideen und Anregungen. Faxen, schreiben Sie oder rufen Sie uns an. Wir hören gerne von Ihnen! Ihr Christophorus-Verlag


CHRISTOPHORUS
Bücher mit Ideen

Hermann-Herder-Str. 4 / 79104 Freiburg i. Breisgau

Tel: 0761/2717-0 oder Fax: 0761/2717-352